# STATUTS ARRÊTEZ

ENTRE LES SELPESTRIERS DU Roi, en la Ville & Faux-bourgs de Paris, pour la confection des Selpestres de France, pour le Service de Sa Majesté.

*Registrez au Greffe du Bailliage du Château du Louvre, le onzième Mai 1658.*

A PARIS.

De l'Imprimerie de PIERRE EMERY, ruë de la Vieille Bouclerie prés le Pont Saint Michel, à Saint Augustin.

M. DCCV.

# *STATUTS ARRESTEZ entre les Selpeſtriers du Roi, en la Ville & Faux-bourgs de Paris, pour la confection des Selpeſtres de France, pour le Service de ſa Majeſté.*

## PREMIEREMENT.

POUR tenir la main à ce que les Ordonnances & Reglemens faits par les Rois François I^r. Charles IX. & Henry IV. pour raiſon des Poudres & Selpeſtres, ſoient inviolablement gardez & obſervez de point en point; il ſera nommé & établi par leur Communauté un Syndic qui demeurera deux ans en charge, & quatre Maîtres & Gardes, dont deux ſortiront de charge un an aprés l'élection, en la place deſquels en ſera mis deux autres qui demeureront deux années, & les deux autres Maîtres & Gardes des quatre premiers nommez demeureront pareillement en charge deux années, & ainsi continuëront l'élection de deux en deux ans pour les Syndics, & d'année en année pour les deux Maîtres & Gardes : lesquels avec Monsieur le Commissaire General des Poudres & Selpestres du département de Paris, ou personne par lui preposée, assisté d'un Huissier ou autre Officier de Justice, feront leurs visites chez les Selpestriers toutes fois & quantes qu'il leur ordonnera, pour voir & visiter les desordres & malversations qui se pourroient commettre par eux dans les Atteliers de laditte Ville & Faux-bourgs de Paris, contre lesdites Ordonnances & Reglemens, & en feront leur rapport pardevant Monsieur le Bailli de l'Artillerie, ou Monsieur son Lieutenant General, pour y être par lui pourvû ainsi que de raison.

Item, Que pour proceder à l'Election & nomination dudit Syndic, de deux ans en deux ans, & des deux Maîtres & Gardes d'année en année, ensemble des Maîtres de la Confrérie Sainte-Barbe, lesdits Selpestriers feront assemblée tous les ans le premier samedi devant la fête Sainte-Barbe du mois d'Août, en l'Auditoire & pardevant Monsieur le Bailli de l'Artillerie de France, ou Monsieur son Lieutenant General audit Bailliage, en presence dudit sieur Commissaire General, où à la pluralité des voix, l'Election sera faite desdits Syndic, Maîtres & Gardes, & Maîtres de ladite Confrérie, qui seront tenus d'accepter lesdites Charges, à peine de seize livres parisis d'amende, applicable à la dite Confrérie Sainte-Barbe, & de tous dépens, dommages & interêts, en laquelle Confrérie ne pourront être admis autres que lesdits Selpestriers & Officiers de l'Artillerie, sur ladite peine.

ITEM, Que suivant lesdites Ordonnances des Rois, tous Selpestres qui seront faits & fabriquez par les Selpestriers, seront portez de quinzaine en quinzaine audit sieur Commissaire General des Poudres & Selpêtres de France en ses magazins, & payés suivant le prix qui en sera par lui fait, avec défenses ausdits Selpestriers, & à tous autres de cacher, receler, vendre ni délivrer à aucunes personnes de quelque qualité & condition qu'elles soient, même sous pretexte d'eaux fortes, eaux de vie, droguerie, apotiquairerie, aucuns Selpestres, soit des premieres cuites ou rafiné, à peine de confiscation des Cuviers de ceux qui seront trouvez avoir recelé & vendu ledit Selpestre, & d'être privez de l'exercice de leur commission, & de quarante huit livres parisis d'amende.

VISITERONT lesdits Syndic, & Maîtres & Gardes, les Selpestres, fourneaux, chaudieres, mesures à achepter les cendres & autres ustenciles servans à l'amas & confection desdits Selpestres, & en cas de défectuosité, auront lesdits Maîtres & Gardes pouvoir en vertu de leur commission de saisir & enlever pour faire conduire dans l'Arsenal de Paris, ce qui sera trouvé de défectueux contre lesdites Ordonnances & Reglemens, & en être fait par eux bon & fidel rapport pardevant Monsieur le Bailli de l'Artillerie, ou Monsieur son Lieutenant General audit Bailliage; pour être le Selpestrier sur lequel le Selpestre défectueux sera saisi, condamné en huit livres parisis d'amende pour la premiere fois, applicable à la Confrérie, & pour la seconde, sera le Selpestrier cassé, & sa commission revoquée.

ITEM, Qu'il ne sera admis ni reçû aucun pour Selpestrier qu'il ne se soit au préalable pourvû pardevant ledit Sieur Commiſſaire General, pour avoir la commiſſion à ce neceſſaire, & icelle commiſſion regiſtrée au Greffe dudit Bailliage de l'Artillerie, à peine de nullité, & de ſeize livres pariſis d'amende.

ITEM, Que les Selpeſtriers ne pourront employer aucuns hommes à la recherche & amas des terres propres à faire Selpeſtres, qui ſe rencontrent dans les démolitions, qu'ils ne ſoient porteurs d'un Certificat dudit Sieur Commiſſaire General, & pourront employer, ſçavoir aux Atteliers compoſez de huit juſques à douze Cuviers de cuitte, deux hommes, & les Atteliers depuis deux juſques à ſept, un homme ſeulement, & non plus, pour ramaſſer & recueillir leſdites terres, ſans qu'au moyen deſdits un ou deux hommes leſdits Maîtres Selpeſtriers, leurs femmes, enfans & domeſtiques puiſſent aller à la recherche deſdites terres; Et en cas que quelqu'un d'eux y aille en perſonne, tiendra la place d'un homme, le tout à peine de ſeize livres pariſis d'amende.

ITEM, Que les terres & matieres propres à faire Selpeſtres, qui ſe trouveront dans les démolitions des Maiſons de la Ville & faux-bourgs de Paris, appartiendront, sçavoir au premier des Selpestriers, ou homme pour lui qui se presentera dans l'Attelier, toute la terre qu'il pourra abattre auparavant qu'il arrive un second Selpestrier, lequel arrivant dans ledit Attellier, la terre restante sera partagée: Sçavoir audit premier Selpestrier la premiere voye ; & au second, la seconde ; & arrivant un troisiéme, la troisiéme voye lui appartiendra, & ainsi à continuer également le partage, à condition que chacun desdits Selpestriers contribuera à abattre lesdites terres également.

ITEM, Arrivant que quelqu'un des Maîtres Maçons, ou leurs ouvriers empêchassent aucuns des Selpestriers de prendre lesdites terres par malice ou par argent, & en donnât la préference à quelque autre Selpestrier ; défenses luy sont faites d'abattre, prendre ni enlever lesdites terres, ains sera tenu le Selpestrier auquel le refus aura été fait, de s'adresser audit Sieur Commissaire general, pour étant averti se transporter ou envoyer avec les premiers desdits Syndics & Maîtres Gardes qui se trouveront dans ledit Attellier, pour en faire sortir lesdites terres, desquelles lui en sera délivré les quatre premieres voyes par préferance à tous autres, & ſera donné aſſignation au contrevenant pardevant Monſieur le Bailly de l'Artillerie, ou Monſieur ſon Lieutenant, pour voir ordonner ce que de raiſon, & condamner les delinquans en ſeize livres pariſis d'amende.

ITEM, Se trouvant preuve contre quelqu'un deſdits Selpeſtriers, ou autre homme qui auroient donné argent ou autrement aux Maçons ou Ouvriers pour la levée des terres propres à faire Selpeſtres, ſera condamné en huit livres pariſis d'amende.

ITEM, Se preſentant quelque Selpeſtrier aux Atteliers où il y aura terres propres à faire Selpeſtres, & ſe trouvant quelqu'un d'eux dans l'Attelier, ſera tenu ouvrir la porte auſſi-tôt que l'on aura frappé ſur la peine que deſſus.

ITEM, Seront leſdits Selpeſtriers reſponſables chacun en leur propre & privé nom, des malverſations & deſordres que pourront commettre les hommes par eux employez & prepoſez, ſur la même peine.

ITEM, Sera fait aſſemblée par leſdits Syndic & Maîtres & Gardes de quinzaine en quinzaine, le Samedy à deux heures aprés midy, en la maiſon dudit ſieur Commissaire general, ausquels ils feront rapport des malversations qui seront venuës à leur connoissance, & commises en la confection des Selpestres ; & à cet effet visiteront les Selpestres qui auront été livrez pendant la quinzaine, & rebutez par le Commissaire general ou ses Commis, pour n'être de la qualité requise, afin que sur l'estimation qui en sera par eux faite, le prix en soit payé : Et se trouvant quelque Selpestrier, qui par deux livraisons consecutives aura fourni de mauvais Selpestres par malice, ou par ignorance, sera revoqué, & son Attelier aboly ; Et en cas de contestation pour raison desdits Selpestres entre lesdits Syndic, Maîtres & Gardes, & Selpestriers ; seront reglées pardevant ledit Sieur Bailly, ou son Lieutenant General.

Item, Tous les Cuviers des Atteliers seront de grandeur & hauteur égale, qui sera reglée par le Commissaire general, & marquée aux armes de l'Artillerie, sans que les Selpestriers les puissent changer, augmenter ou diminuer, que du consentement dudit Commissaire general, à peine de huit livres parisis.

Item, Les Cendres dont lesdits Selpestriers auront besoin pour la confection de leurs Selpeſtres, ſeront payées ſuivant le prix qui en ſera fait par leſdits Syndic & Gardes, de trois mois en trois mois, & ſeront meſurées en la maniere accoûtumée avec meſures de grandeur égale, & marquées des armes de l'Artillerie, que leſdits Selpeſtriers ſeront tenus d'avoir en leurs maiſons, & ceux qui n'en auront point, en viendront prendre chez ledit Commiſſaire General qui leur en délivrera, le tout à peine de douze livres pariſis d'amende.

ITEM, Que tous ceux qui fourniront des cendres à chacun deſdits Selpeſtriers leur demeureront, pour continuer leur fourniture, & ne pourront les autres Selpeſtriers, les prendre, débaucher ni acheter aucunes cendres d'eux, ſans le conſentement du Selpeſtrier auquel leſdites cendres ſont ou ſeront fournies, à peine de huit livres pariſis d'amende.

ITEM, Ne pourront leſdits Selpeſtriers prendre les Ouvriers les uns des autres, s'ils ne ſont porteurs d'un congé du Maître qu'ils quittent, ſur les mêmes peines.

ITEM, Se trouvant plainte contre quelqu'un des Ouvriers deſdits Selpeſtriers, ſera tenu ſon Maître le mettre incontinent hors ſon ſervice, ſur ladite peine.

ITEM, Encore qu'il ſoit permis à tous ceux qui ont des Atteliers depuis huit juſques à douze cuviers de cuite, d'avoir deux hommes pour la recherche & amas des terres, neanmoins lorſque l'un des deux hommes travaillera dans un Attelier de démolition; le ſecond n'y ſera admis, ſur ladite peine.

NUL ne pourra travailler dans les Atteliers que depuis cinq heures du matin, juſques à ſept heures au ſoir, depuis Pâques juſques à la ſaint Remy; & depuis ledit jour ſaint Remy juſques à Pâques, depuis ſix heures du matin, juſques à ſix heures du ſoir, à peine de ſix livres pariſis d'amende pour la premiere fois.

ITEM, Que les Statuts & Articles cideſſus, ſeront regiſtrez au Greffe du Bailliage du Château du Louvre, Artillerie, Poudres & Selpeſtres par tout le Royaume de France, ſans que pour l'execution & contravention faites à iceux aucun deſdits Selpeſtriers ſe puiſſe pourvoir pardevant autres Juges, à peine d'être privez de leurs charges & commiſſions, & de trois livres pariſis d'amende, à laquelle tous les Selpeſtriers ſe ſont volontairement ſoûmis, enſemble à l'execution deſdits Statuts & Articles ci-dessus. Fait à Paris le premier jour de Mai 1658.

*Registrez au Greffe du Bailliage du Château du Louvre, Artillerie, Poudre & Selpestres par tout le Royaume de France, de l'ordonnance de Maître Charles Cossin, Avocat en Parlement, & Lieutenant general audit Bailliage, du consentement de l'Avocat du Roi en icelui, pour être executés selon leur forme & teneur, par moi Nicolas Tauxier Greffier en Chef audit Bailliage, le* 11. *desdits mois & an.* Signé, TAUXIER.

A TOUS ceux qui ces presentes lettres verront, Noël-Eustache Pean, sieur du Chesnay, Bailly du Château du Louvre, Arsenal de Paris & ses dépendances, Artillerie, Poudre & Selpestres par tout le Royaume de France, & Garde du Scel dudit Bailliage: SALUT. Sçavoir faisons, que sur la Requête judiciairement faite en Jugement, devant Nous, par Gilles Desperiez, Syndic de la Communauté des Selpestriers du Roi, en la Ville & Fauxbourgs de Paris, assisté de M. Nicolas Braye son Procureur; contenant qu'encore qu'il applique tous ses soins à faire garder & observer les Statuts & Réglemens de ladite Communauté, pour la confection des Selpestres de France, par Nous homologuez le onziéme jour de Mai de l'année 1658. neanmoins aucuns desdits Selpestriers, allant eux-mêmes par la Ville à la recherche & amas des terres & matieres propes à faire Selpestre, qui se trouvent dans les démolitions des maisons & édifices de cette Ville & Fauxbourgs, pour se les approprier indirectement, & en frustrer les autres Selpestriers leurs confreres, au mépris desdits Statuts & Reglemens, les achetent à prix d'agent, & en font un commerce avec les Maçons, Entrepreneurs des Bâtimens, ou Gens par eux proposez à la conduite de leurs ouvrages : ce qui est prohibé & défendu par les articles huit & neuf desdits Reglemens, & fait un notable préjudice a ladite Communauté, par le moyen duquel, les Maîtres Selpestriers seroient obligez de quitter leurs Atteliers, où ils doivent demeurer assiduëment pour la fabrique dudit Selpestre, & les laisser à la discretion de leurs Ouvriers; ce qui regarderoit le Fermier de Sa Majesté: à quoi il est nécessaire de remedier; & d'autant que tous lesdits Selpestriers ont été convoquez au jour, afin de déliberer des affaires importantes à leurdite Communauté, Nous auroit requis vouloir prendre leurs voix déliberatives au sujet de ce que dessus : Oüi lesdits Desperiez & Braye esdits noms, ensemble Leonard Rastelier, Doyen, Germain le Gendre, Antoine Poyer, Pierre Thomas, Antoine de Venne, Pierre Poignavant, Antoine Roger, André Lucas, Jean Vaudoré, Guillaume Sasfrai, Rollin Gosselin, Pierre Monard, Leonard Colly, Nicolas Riou, Jacques Denis, Thomas Ferret, Christophe Rastellier, Jean Villeroy, Jacques Huet, Philippes Fortin, François Anguety, & Leonard Rocquet, faisant presque tous le nombre, plus grande & saine partie desdits Selpestriers, lesquels ont été d'avis, que doresnavant ne pourront aller eux-mêmes à la recherche & amas desdites terres & matieres propres à faire Selpestre, ni à la conduite de leurs chevaux & tombereaux; mais auront des hommes de ville & Chartiers, & se tiendront en leurs Atteliers, à la fabrique & confection des Selpestres qu'ils sont obligez de livrer dans les Magazins de Sadite Majesté, sur telle peine qu'il nous plaira. NOUS, faisant droit & ayant égard à ladite Requête : Oüi, Me. Nicolas Tauxier, premier Avocat du Roi en cette Cour, en ses conclusions; AVONS [illegible] tres-expresses inhibitions & défenses [illegible] tous Maîtres Selpestriers d'aller doresnavant par la Ville en personnes, à la recherche & amas desdites terres & matieres propres à faire Selpestres, d'en acheter aucunes des Maçons, ni de mener leurs chevaux, à peine de vingt livres d'amende pour la premiere fois, & telle autre qu'il appartiendra, en cas de récidive : au surplus, les Statuts & Reglemens de ladite Communauté executez, & néanmoins surcis à l'execution des presentes, à l'égard desdits Huet, Fortin & Hauquety, pendant trois semaines ; Ce qui sera executé nonobstant oppositions ou appellations quelconques : pour lesquels & sans prejudice d'icelles, ne sera differé ; En témoin de quoy nous avons fait sceller ces presentes du Scel ordinaire dudit Bailliage, qui furent faites & données par Noble homme M. Charles Cossin, Conseiller du Roi, Lieutenant General audit Bailliage, tenant le Siége le Samedy 21. Juillet 1685. Collationné. Signé, TAUXIER.

*Reimprimé de nouveau, par les soins & diligence de Jacques Huet, Syndic de la Communauté des Selpestriers du Roy.*

www.ingramcontent.com/pod-product-compliance
Lightning Source LLC
LaVergne TN
LVHW010325230826
846091LV00009B/3769

* 9 7 8 2 0 1 3 6 1 0 2 7 8 *